아픈 이웃을 더 사랑한
의료 봉사자들

의료 봉사자들

아픈 이웃을 더 사랑한

전현정 글 | 김재일 그림

사계절

차례

★톤즈의 천사, 이태석 8

한센인의 아버지, 다미앵 신부를 닮고 싶었던 소년 10

이태석 업적 13

졸리 신부, 톤즈 마을에 오다 15

이태석 인터뷰 19

달빛으로 책을 읽는 아이들 21

이태석의 한마디 25

꽃이 된 신부 26

이태석 갤러리 31

★조선 최초의 여의사, 박에스더 32

이화 학당 입학생 점동이 34

박에스더 업적 37

김점동이 박에스더가 되기까지 39

박에스더 인터뷰 43

미국 유학길에 오른 박에스더 44

박에스더의 한마디 47

한국 최초 여의사가 되어 조국으로 돌아오다 48

박에스더 갤러리 53

★ 가난한 이들의 마음까지 치료한 의사, 장기려 54

의사가 된 소년 56

장기려 업적 59

천막 병원을 세우다 61

장기려 인터뷰 65

옥탑방에 사는 의사 66

장기려의 한마디 69

바보 의사 장기려 71

장기려 갤러리 75

★ 기록으로 생명을 구한, 플로렌스 나이팅게일 76

수 놓기보다 수학을 좋아한 소녀 78

플로렌스 나이팅게일 업적 83

전쟁터로 간 간호사들 84

플로렌스 나이팅게일 인터뷰 87

등불을 든 천사 89

플로렌스 나이팅게일의 한마디 93

기록으로 또 다른 생명을 구하다 94

플로렌스 나이팅게일 갤러리 97

책을 읽고 나서 100

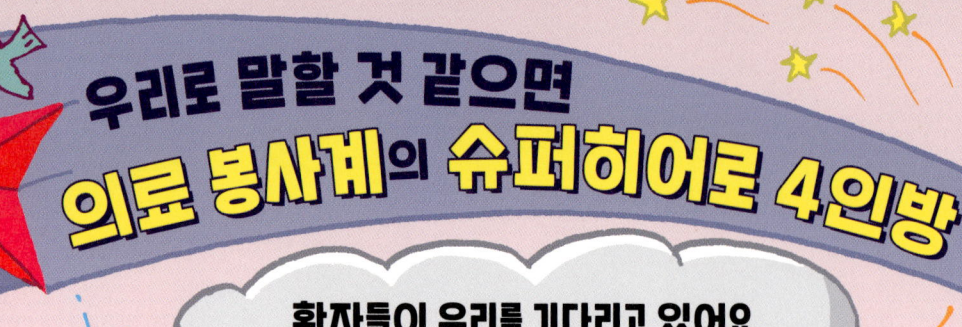

우리로 말할 것 같으면
의료 봉사계의 슈퍼히어로 4인방

환자들이 우리를 기다리고 있어요.

박에스더

이태석

나는 조선 최초의 여의사예요. 남자 의사에게 진찰받기 부끄러워서 병을 숨겨 온 여자 환자들은 이제 나에게 와서 진료를 받아요.

환자 진료만큼 중요한 것이 아이들의 미래예요. 전쟁으로 폐허가 되었다고 아이들 공부를 쉬게 할 순 없죠. 흙집을 지어서라도 얼른 아이들을 위한 학교부터 운영해야 해요.

지진이 났어요!

홍수가 나서 마을 전체가 물에 잠겼어요!

한센인의 아버지, 다미앵 신부를 닮고 싶었던 소년

이태석은 1962년 부산 송도에서 10남매 중 아홉째로 태어났어요. 초등학교 2학년 때 아버지가 돌아가시고 어머니 혼자 삯바느질로 어린 자녀들을 보살폈지요. 이렇게 이태석은 가난하고 힘든 유년 시절을 보냈답니다. 가난한 달동네에 살던 소년에게 동네 성당은 놀이터이자 공부방이고 쉼터였지요.

어느 날 이태석은 성당에서 형과 함께 영화 한 편을 보았어요. 그 영화는 평생을 하와이 제도의 몰로카이섬에 격리된 한센인들을 돌보다 자신 또한 한센병 환자가 되어 세상을 떠난 다미앵 신부에 관한 이야기였어요. 다미앵 신부는 병으로 고통스러워하면서도 한센인들 곁을 끝까지 지키며 행복하다고 말했어요.

'어떻게 저런 마음이 생길까? 무엇이 행복하다

는 걸까?'

영화 속 다미앵 신부의 모습을 본 어린 이태석의 마음은 뭉클해졌어요. 그리고 그때부터 열두 살 소년 태석의 마음엔 신부가 되겠다는 꿈이 자라기 시작했어요.

어려운 환경에서도 이태석은 공부를 잘했고, 성당의 풍금을 독학으로 배우고, 기타, 아코디언, 플루트 같은 악기들을 며칠 만에 연주할 정도로 음악에도 재능이 뛰어났어요.

어느덧 고등학생이 된 이태석의 마음속엔 신부가 되고 싶다는 꿈이 꿈틀거렸어요. 하지만 그 무렵 형이 신부가 되겠다며 수도회에 들어갔고, 넷째 누나도 수녀가 되겠다며 집을 떠난 상태였어요.

'나마저 신부가 되겠다고 하면 어머니는 쓰러지실 거야.'

10남매를 키우며 고생한 어머니의 눈물을 본 태석은 신부가 되겠다는 꿈을 접고 의과 대학에 들어갔어요. 그때까지만 해도 순탄하게 의사의 길을 갈 것만 같았어요. 그런데 의대를 졸업하고 군의관으로 복무하던 시절, 예기치 못한 일을 겪어요.

같은 부대에서 근무하다 실종됐던 군인이 어느 날 싸늘한 주검으로 돌아온 거예요. 그 사건으로 심한 충격을 받은 이태석은 아무 일도 할 수가 없었어요. 방황하던 이태석은 부대 근처의 성당을 찾았어요. 그날 이후 이태석은 종종 성당에 들러 기도를 했어요.

'너희 중에 가장 보잘것없는 이에게 해 준 것이 바로 나에게 한 것이니라.'

어느 날 이태석은 가슴 깊은 곳에서 울리는 소리를 또렷하게 들었어요. 그 순간 신부가 되고 싶다는 소망이 다시 살아났고, 이제 그 마음을 되돌릴 수 없다는 것 또한 깨달았어요. 어쩌면 형과 함께 성당에서 다미앵 신부의 영화를 봤을 때부터 이미 정해진 운명인지도 몰라요.

막상 신부가 되겠다고 결심했지만 홀로 남을 어머니가 마음에 걸렸어요. 이제 곧 의사가 될 아들이 갑자기 신부가 되겠다고 하면 얼마나 실망하실지 짐작한 이태석은 마음 한구석이 아려 왔어요. 하지만 어머니는 아들의 결심을 꺾을 수 없다는 것을 알고 아들을 보내 줬어요.

신부가 되기 위한 공부를 하던 중 로마로 유학을 떠난 이태석은 방학을 이용해 남수단 톤즈에 들르게 됐어요. 그곳엔 신발 한 켤레 신지 못하고 날마다 끼니를 걱정하는 가난한 사람들이 살고 있었어요. 지독하게 가난한 삶 속에서도

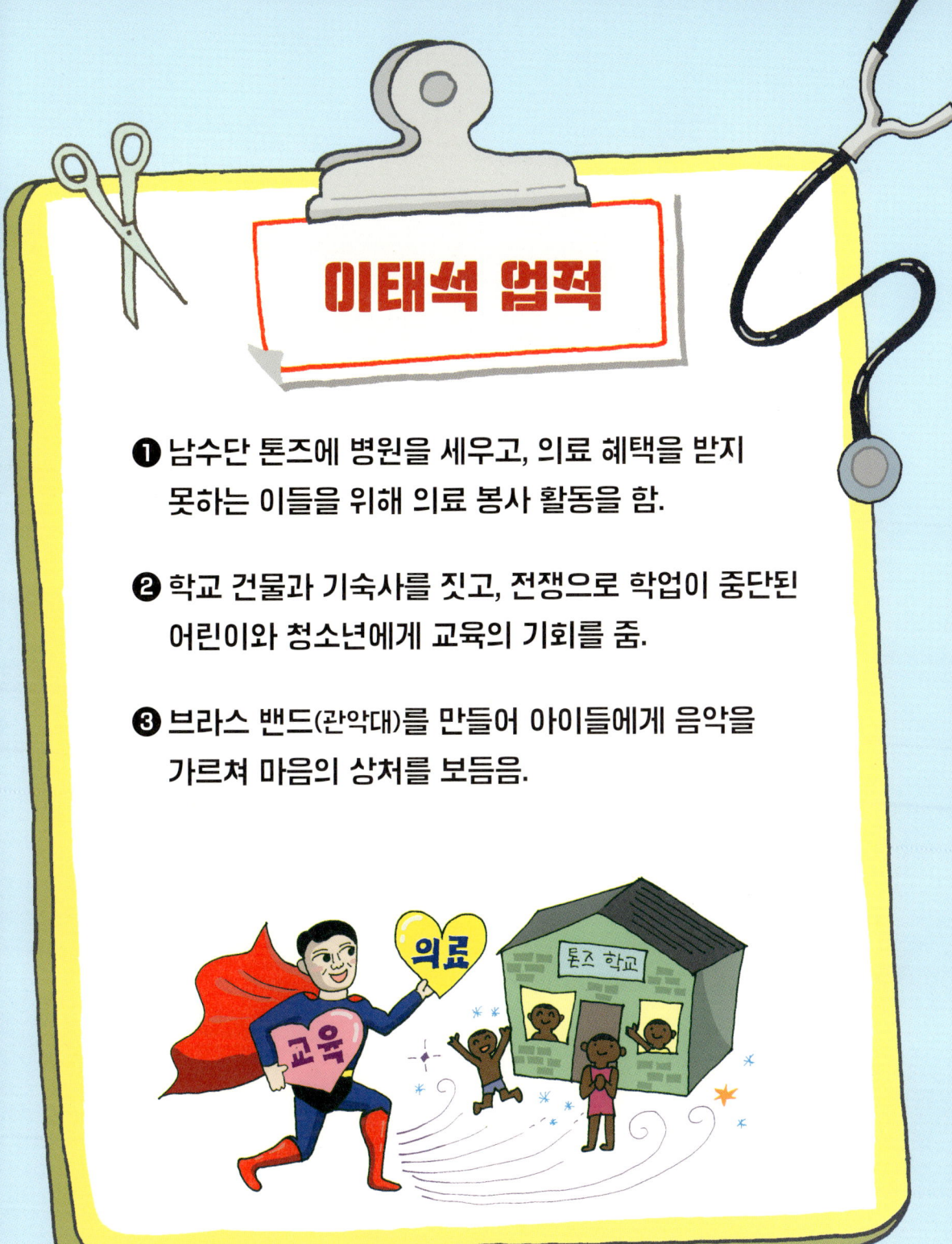

환하게 웃는 순수한 아이들을 보며 감동을 받은 이태석은 다짐했어요.

'꼭 이곳으로 다시 돌아오겠어.'

한국으로 돌아온 이태석은 2001년 사제 서품을 받고 마흔 살에 진짜 신부가 되어 그해 겨울 다시 남수단 톤즈로 향했어요.

졸리 신부, 톤즈 마을에 오다

　드디어 이태석은 남수단 톤즈 마을에 도착했어요. 톤즈는 오랜 내전으로 폐허가 된 지역이어서 온전한 건물이 남아 있지 않았어요. 각오는 했지만 현실은 만만치 않았어요. 섭씨 50도가 넘는 끔찍한 더위에 숨은 턱턱 막혔고, 이름 모를 수많은 벌레의 공격과 모기가 옮기는 말라리아도 문제였어요.

　환자를 돌볼 마을 진료실을 찾은 이태석은 기가 막혔어요. 말이 진료실이지 흙과 대나무로 지은 움막에 허름한 침대 하나가 전부였고, 전기도 들어오지 않았지요.

　'이런 곳에서 어떻게 환자를 돌볼 수 있을까?'

　비참한 마을의 현실에 이태석은 할 말을 잃었어요. 하지만 한국에서 의사 신부님이 왔다는 소식은 순식간에 마을 전체로 퍼져 나갔어요. 사람들 사이에서 이태석은 '졸리 신부'로 통하게 됐어요. 세례명의 영어식 발음 '존(John: 요한)'에 성씨 '리(Lee)'를 붙여 '졸리(쫄리라고도 함)'가 된 거죠.

　톤즈에 오고 처음 맞이한 성탄절엔 이런 일도 있었어요. 성당 건물도 없어 망고나무 아래에서 미사를 드리고 있을 때였어요. 어디선가 '쿵' 하는 소리가 들려서 돌아보니, 만삭의 임신부가 바닥에 쓰러져 진통으로 고통스러워하고 있었어요. 미사 도중에 제의를 벗고 달려갈 수도 없는 노릇이어서 주변 사람들에게 나무 그늘로 임신부를 옮기고, 인간 커튼을 만들라고 했어요. 그런데 이태석이 한창 사람들에게 세례를 주고 있던 중에 박수 소리가 들려왔어요. 그리고 조금 뒤 포대기에 싸인 아기가 세례를 받기 위해 나타났어요. 방금 나무 아래에서 태어난 아기였어요. 이태석은 그 아기의 이름을 '하느님이 우리와 함께 계시다'라는 뜻의 임마누엘이라고 지었어요.

톤즈 근처 마을을 통틀어 의사라고는 이태석 한 명밖에 없었던 까닭에 이른 아침부터 의사를 만나러 수백 명에 이르는 환자가 구름처럼 몰려왔어요. 혼자 감당하기엔 환자들이 너무 많았지만 기다리는 환자들을 보면 마음 편히 쉴 수가 없었지요.

병원에서 최악의 상황은 전염병이 유행하는 것이었어요. 진료실도, 약도 터무니없이 부족한 상황에서 콜레라나 장티푸스 같은 전염병이 돌면 수십 명의 환자가 진료실 마당에 누워 자기 순서가 돌아올 때까지 무작정 기다려야 했어요.

'이대로는 안 되겠어. 병원부터 새로 짓자.'

졸리 신부는 마을 사람들과 힘을 합쳐 톤즈강에서 퍼 온 모래에 시멘트를 섞어 벽돌을 만들고 직접 건물을 짓기 시작했어요. 얼마 뒤 열두 칸짜리 병원 건물이 완성됐어요. 움막밖에 없던 마을에 들어선 병원은 톤즈 마을에서 유일한 현대식 건물이었어요. 또 콜레라나 장티푸스의 원인이 오염된 강물이라는 것을 알고, 마을 곳곳에 우물을 파서 식수난도 해결했어요.

진료실과 식수난은 해결했지만, 또 한 가지 문제는 전기였어요. 톤즈 마을에선 백신 한번 맞아 보지 못하고 해마다 많은 아이들이 죽어 갔어요. 어렵게 백신이나 의약품을 지원받아도 냉장 보관을 해야 하는데, 전기가 들어오지 않으니 소용이 없었어요.

'그래, 톤즈에서 가장 쉽게 얻을 수 있는 태양열을 이용해야겠어.'

이태석은 궁리 끝에 병원 지붕에 태양열 발전기를 설치했어요.

"졸리 신부님, 밤인데 꼭 한낮 같아요."

병원에 전기가 들어오고 진료실에 불이 환하게 켜지던 날, 이태석은 코끝이 찡해졌어요. 이제 적어도 예방 접종을 못 해 홍역으로 목숨을 잃는 아이들은 없을 테니까요. 그날 이후 병원은 밤마다 깜깜한 마을을 환하게 밝혔어요. 마치 깜깜한 바다 한가운데 불을 밝혀 주는 등대처럼요.

달빛으로 책을 읽는 아이들

보름달이 뜬 어느 날, 마을을 산책하던 이태석은 나무 아래 모여 있는 아이들 한 무리를 발견했어요.

"여기서 뭘 하고 있니?"

"어두워서 책을 읽을 수가 없어서 달빛에 책을 비춰 보는 거예요."

아이들의 말에 이태석은 어린 시절 가난했던 자신의 모습이 떠올라 가슴이 뭉클해졌어요.

북수단과 남수단 사이의 오랜 내전으로 마을은 폐허가 되었고, 학교를 잃은 아이들은 날마다 거리를 방황했어요.

'예수님이 이곳에 오셨다면 성당을 먼저 지었을까, 학교를 먼저 지었을까?'

이태석은 학교를 열어야겠다고 마음먹었어요. 급한 대로 교실로 쓸 움막을 짓고, 교과서도 구해 왔어요. 학교가 다시 문을 열었다는 소문에 수백 킬로미터 떨어진 먼 마을에서도 아이들이 모여들었어요. 늘어나는 학생 수를 감당하기 위해 이태석은 마을 사람들과 함께 폭격으로 뼈대만 남은 옛 학교 건물에 벽돌을 쌓아 새로 학교를 지었어요. 비록 초라한 건물이었지만 학교가 생겼다는 사실만으로도 아이들은 행복해했어요.

마을에서 유일하게 전기가 들어오는 병원의 환자 대기실과 성당은 밤이 되면 아이들의 자습실로 변했어요.

"졸리 신부님, 30분만 더 공부하게 해 주세요."

항상 전기 용량이 부족해 공부 시간을 제한했지만, 아이들의 아우성 탓에 이용 시간을 조금씩 늘렸어요.

여러 후원자 덕분에 중학교 과정까지만 있던 톤즈 돈 보스코 학교는 고등학교 과정까지 늘어났어요. 선생님 수가 부족해 이태석은 아이들에게 직접 수학을 가르치기도 했어요.

이태석의 노력에도 톤즈의 많은 아이들은 가슴속에 저마다의 상처를 가지고 있었어요. 오랜 내전으로 가족을 잃은 아이도 있고, 소년병으로 잡혀가 누군가에게 총을 겨눠야 했던 아이도 있었어요. 폭격 소리를 들으며 자란 아이들은 누군가의 비명 소리에도 소스라치게 놀라며 숨었고, 작은 일에도 화를 참지 못하고 폭력을 휘둘렀어요. 학교에서 공부를 가르치고, 병원에서 병을 치료해 줄 수는 있지만 아이들 마음속 상처까지 낫게 해 줄 수는 없었어요.

'어떻게 하면 저 아이들의 다친 마음을 치료하고 위로해 줄 수 있을까?'

고민하던 이태석은 가난하고 힘들었던 자신의 유년 시절에 위로가 되어 주었던 음악을 떠올리고는 아이들에게 악기를 가르쳐야겠다고 생각했어요. 하지만 악기라고 해 봐야 북 같은 타악기가 전부였어요. 이태석은 한국에 다녀오는 길에 색소폰과 클라리넷처럼 밴드를 구성할 수 있는 악기를 구해 왔어요. 막상 악기를 구해 놓고 보니 아이들이 난생처음 보는 악기들을 잘 다룰 수 있을지 걱정이 됐어요.

하지만 본격적으로 밴드 연습이 시작되자 걱정은 말끔히 사라졌어요. 신기하게도 톤즈의 아이들은 처음 보는 악기도 금방 익숙하게 연주했어요. 마치 이태석이 유년 시절에 어떤 악기든지 혼자 척척 연주해 내던 것처럼요.

"총과 칼을 녹여서 악기를 만들면 좋겠어요!"

음악을 연주하는 사이 아이들은 웃는 날이 많아졌어요. 아이들은 음악을 통해 상처 받은 마음을 스스로 위로하고 있었어요.

꽃이 된 신부

이태석은 매일 200~300명의 환자를 돌봤고, 인근의 두메 마을로 순회 진료를 다니며 예방 접종도 했어요. 마을 전체가 다 가난했지만 특히 한센인들이 생활하는 지역에 갈 때마다 이태석은 가슴이 아팠어요.

'하늘 아래 이렇게 가난한 사람들도 있구나.'

한센인들은 악취가 진동하는 움막 같은 곳에서 지내며 상처 난 발에 신발조차 신지 못한 채 돌아다니고 있었어요. 사회에서 고립되고 가족에게도 버림받은 사람들은 마음의 상처도 깊었어요. 이태석은 이들에게 먹을 것을 주고, 새로 집을 지어 주고, 상처를 치료해 주고, 말벗이 되어 그들의 마음을 위로했어요. 어느덧 이태석은 오래전 그토록 닮고 싶어 했던 다미앵 신부를 똑 닮아 있었어요.

"고마워요, 졸리 신부님."

어느 날 한 한센인이 닭을 가져와 이태석에게 내밀었어요. 매 끼니 걱정을 하는 가난한 이들에게 닭은 엄청난 재산이었어요. 먼 나라에서 온 의사 신부가 자신들의 몸에 난 상처뿐 아니라 다친 마음까지 치료해 준 것에 대한 고마운 마음의 표현이었어요.

이태석이 톤즈 마을에 온 지도 어느덧 7년이 넘었어요. 그사이 이태석은 자신의 손길이 닿지 않은 곳이 한 군데도 없을 정도로 마을을 정성껏 가꾸어 놓았고, 마을 사람들과도 뗄 수 없는 사이가 되었어요. 이태석은 진짜 톤즈 마을 사람이 되어 있었지요.

그러던 어느 날, 모처럼의 휴가 기간에 모금 활동을 하러 한국에 들어간 이태석은 대장암 말기라는 청천벽력 같은 진단을 받게 돼요. 가난한 이들의 몸과 마음을 돌보느라 정작 자신의 몸을 돌볼 겨를이

없었던 거예요.

 '아이들이 기다리고 있을 텐데……. 얼른 나아서 돌아가야지.'

투병을 하는 동안에도 이태석은 톤즈에 두고 온 아이들 생각뿐이었어요. 수단 아이들을 위해 이태석은 아픈 몸을 이끌고 직접 기타를 치고 노래를 부르며 자선 음악회를 열고 모금 활동을 했어요. 그리고 아프리카 음악을 들으며 반드시 병을 이겨 내고 톤즈로 돌아가겠다는 희망을 버리지 않았어요. 하지만 야속하게도 병세는 나아지지 않고, 암은 간으로 전이됐어요.

결국 2010년 1월 14일 새벽, 이태석은 그토록 보고 싶어 하던 톤즈의 아이들 곁으로 돌아가지 못하고 마흔아홉 살의 나이로 삶을 마감했어요. 이태석의 낡은 가방 안에는 낡은 셔츠와 바지, 그리고 톤즈 아이들에게 전해 줄 알록달록한 묵주(기도를 드릴 때 쓰는 목걸이 모양의 물건)가 한가득 들어 있었어요.

졸리 신부가 돌아오기만을 손꼽아 기다리던 톤즈 아이들은 2년 만에 영정 사진으로 돌아온 졸리 신부를 보며 망연자

실했어요.

"졸리 신부님은 우리의 아버지였어요."

이태석의 영정 사진을 앞세우고 브라스 밴드가 음악을 연주하며 마을을 행진하자, 부모님이 돌아가셔도 눈물을 보이지 않는 톤즈 사람들이 하염없이 눈물을 흘렸어요. 할머니도, 다 큰 청년도, 아이도 뜨거운 눈물을 흘렸지요. 이태석은 그렇게 톤즈 마을 사람들의 배웅을 받으며 하늘나라로 떠났어요.

아낌없이 주는 나무가 되어 준 이태석의 생애는 남수단 교과서에 실렸고, 남수단 정부는 이태석에게 훈장을 추서(죽은 뒤에 훈장 따위를 주는 일)했어요. 또 '수단 어린이 장학회'가 설립돼 아프리카의 교육과 의료 사업에 도움을 주게 되었지요. 비록 이태석 신부는 떠났지만, 이태석 신부가 남긴 작은 희망의 씨앗들은 지금까지도 이곳 아프리카에서 싹트고 있어요.

이화 학당 입학생 점동이

김점동은 1877년 서울 정동에서 태어났어요. 그 무렵 정동에는 외국의 공사관들이 들어서 있었고, 외국 선교사들이 지은 학교도 하나둘 늘어나기 시작했어요.

1886년 선교사 메리 스크랜턴은 정동에 한국 최초의 여학생 학교인 이화 학당을 세웠어요.

"우리 학교에 들어오면 먹이고 입히고 교육까지 무료로 시켜 준답니다."

스크랜턴 부인이 직접 학생을 찾아다녔지만 반년이 넘도록 입학생을 한 명도 찾을 수가 없었어요. 그때만 해도 서양인 선교사가 아이들을 유괴한다는 소문이 돌 정도로 서양인을 낯설어하던 때였거든요. 게다가 양반집 딸들은 가정 교육을 중요하게 여겨 바깥출입이 자유롭지 않았고, 평민 출신 딸들은 일손이 부족해 집안일을 하느라 공부할 엄두도 못 냈으니 지원자를 찾기 어려웠을 수밖에요.

이화 학당에 대한 소문은 아펜젤러라는 선교사 집에서 일하던 점동이 아버지의 귀에도 들어갔어요.

'그래, 살림이 빠듯한데 입 하나라도 줄여야겠어.'

점동이 아버지는 열 살 난 점동이의 손을 잡고 이화 학당에 찾아갔어요. 서양인에 대해 나쁜 소문을 들어 온 점동이는 파란 눈의 선교사와 눈만 마주쳐도 겁에 질렸어요. 하지만 소문과 다르게 선교사들은 부모와 떨어져 학교에 온 아이들을 정성껏 보살폈어요. 선교사들의 다정한 태도에 점동이는 마음을 열고 금방 학교생활에 익숙해졌어요.

이화 학당에서는 한글, 한문, 성경, 지리, 산수, 과학, 영어, 생리학, 음악 등을 가르쳤는데, 점동이는 특히 영어와 풍금 연주에 관심이 많았어요.

점동이가 입학한 다음 해에 이화 학당 안에는 한옥을 개

조해 만든 '보구 여관'이라는 여성 병원이 문을 열었어요. 보구 여관이란 '여성을 보호하고 구하는 집'이라는 뜻이에요. 남자 의사에게 몸을 보여 주는 것을 꺼려 병원에 가지 못하던 여성 환자들이 보구 여관으로 밀려들었어요.

그러던 어느 날 스크랜턴 부인이 점동이를 찾아왔어요.

"점동아, 보구 여관에 미국인 의사 선생님이 새로 오셨어. 의사 선생님과 환자 사이에 통역할 사람이 필요한데, 네가 영어를 잘하니까 통역을 하면 어떻겠니?"

갑작스러운 제안에 점동이는 망설였어요.

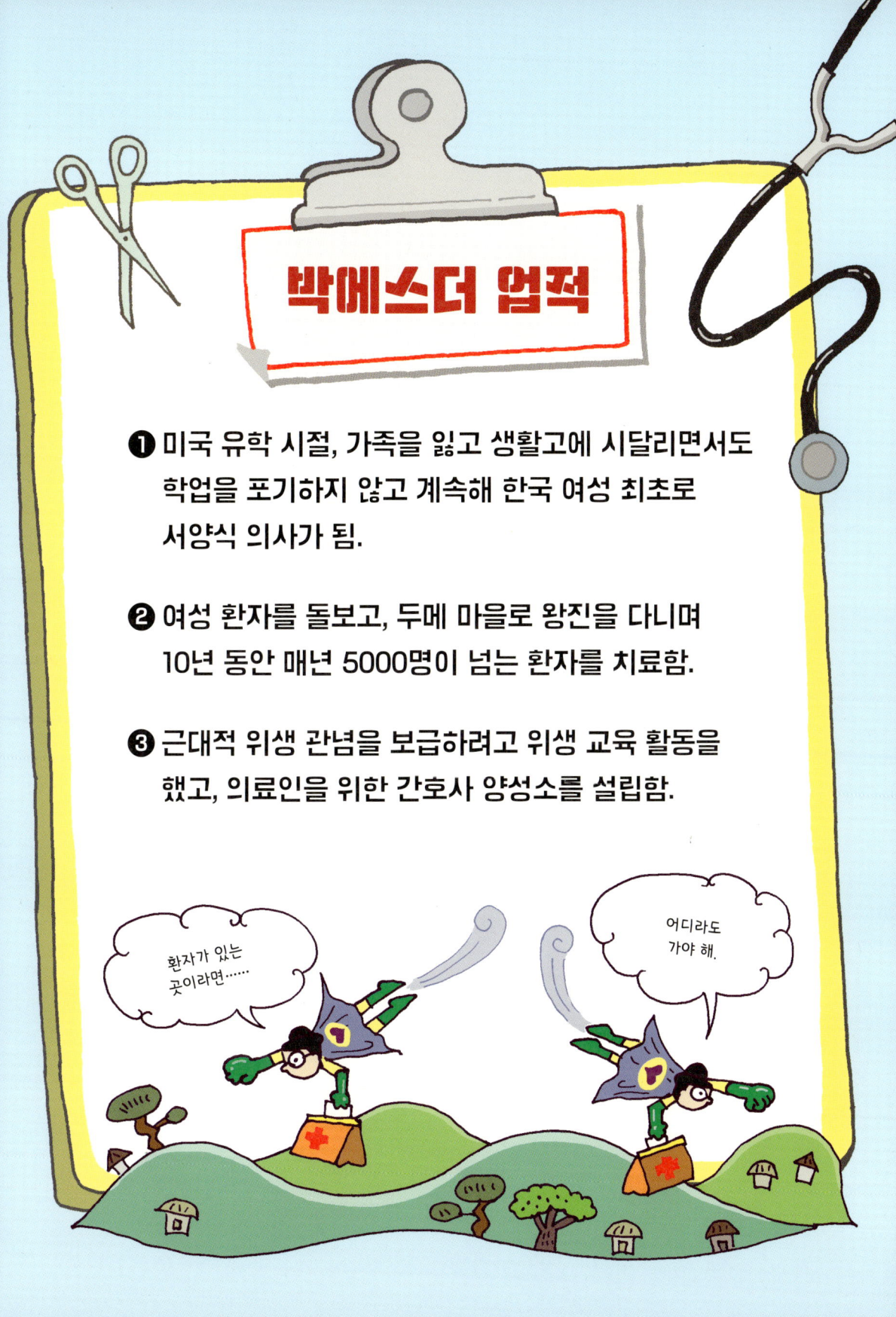

'내가 과연 잘할 수 있을까? 실수를 하면 어쩌지? 아니야, 시작도 하기 전에 걱정부터 하지는 말자.'

점동이는 마음을 굳게 먹고 로제타 선생을 찾아갔어요. 단정하게 올림머리를 한 로제타 선생은 점동이를 따뜻한 눈길로 바라보며 차근차근 할 일에 대해 설명해 줬어요.

그날 이후 점동이는 진료실로, 환자의 집으로 로제타 선생이 가는 곳마다 그림자처럼 따라다니며 통역을 했어요. 로제타 선생은 날마다 악취가 진동하는 환자의 상처를 싫은 내색 한번 하지 않고 손으로 만지고, 피고름을 짜내고, 상처를 찢고 꿰맸어요. 하지만 점동이는 그런 모습을 볼 때면 인상을 찡그리며 고개를 돌렸어요. 그리고 마음속으로 다짐했어요.

'매일 저런 끔찍한 상처를 돌봐야 하다니, 나는 절대 의사는 되지 않겠어.'

김점동이 박에스더가 되기까지

어느 날 보구 여관으로 엄마와 딸이 찾아왔어요. 딸은 화상으로 엉겨 붙은 손가락을 분리하는 수술을 받았는데, 상처가 아물면서 피부가 모자라 속살이 드러나 있었어요.

"선생님, 이제 곧 시집을 보내야 하는데, 손이 이 모양이라 어쩌면 좋을까요?"

엄마가 걱정스런 얼굴로 로제타 선생을 쳐다보았어요.

"아무래도 피부 이식을 해야겠어요."

환자의 손을 세심하게 살펴보던 로제타 선생은 선뜻 자신의 팔에서 피부를 떼어 내 소녀의 손에 이식해 주었어요.

'가족도 아닌 남에게 어떻게 제 살을 떼어 줄 수 있을까?'

그 모습을 지켜본 점동이는 한참 동안 생각에 잠겼어요.

또 하루는 선천적으로 입술이 갈라진 언청이 소녀가 부모와 함께 진료실을 찾아왔어요. 비뚤어진 입 모양 때문에 소녀의 얼굴은 일그러져 보였어요.

"아무 걱정 하지 마세요. 수술은 잘될 겁니다."

로제타 선생은 불안해하는 소녀와 부모를 안심시켰어요. 수술을 마치고 며칠 뒤 붕대를 푼 소녀의 얼굴은 몰라보게 달라져 있었어요. 점동이는 그동안 의술을 끔찍하게만 생각해 왔어요. 하지만 소녀의 웃는 얼굴을 본 순간 지금까지의 생각이 바뀌었어요.

'의술이 누군가를 행복하게 만들 수 있구나. 나도 로제타 선생님처럼 의사가 되어서 고통받는 환자들을 돌보고 싶어.'

그날 이후 점동이는 누가 시키지도 않아도 약제실에 있는 약 이름을 모두 외우고 수술실에 들어가 환자의 피를 닦고 붕대 감는 일을 도우며 로제타 선생의 보조로 당당히 한몫을 해냈어요.

이화 학당에 들어온 지 5년째 되던 해에 점동이는 세례를 받고 김에스더가 되었어요. 그사이 로제타 선생은 같은 의료 선교사인 윌리엄 제임스 홀 박사와 결혼해 홀 부인이 됐고, 아이들도 태어났지요.

로제타 선생은 남편과 함께 평양에 있는 병원으로 의료 봉사를 떠나기로 했어요. 로제타 선생은 에스더를 데려가고 싶었어요. 하지만 한 가지 문제가 있었어요. 바로 에스더의 결혼 문제였어요.

'억지로 결혼을 하느니 차라리 죽어서 천국에 가겠어.'

결혼하고 싶은 마음이 눈곱만큼도 없었던 에스더와 달리 시집갈 나이가 된 딸을 바라보는 어머니는 걱정이 태산이었어요. 당시만 해도 결혼 적령기가 되어서도 결혼을 하지 않으면 무당이나 장애가 있는 여성으로 오해받았으니까요.

홀 부부가 에스더의 신랑감을 찾아 나선 끝에 신랑감으로 낙점된 사람은 홀 박사의 마부 박유산이었어요. 에스더의 어머니는 미천한 노동자인 박유산이 사윗감으로 탐탁지 않았지만 에스더는 기독교인이라는 이유 하나만으로 박유산을 남편으로 받아들였어요. 박유산과 결혼한 뒤 김에스더는 남편의 성을 따라 박에스더가 됐어요.

우여곡절 끝에 홀 부부와 에스더 부부는 평양으로 의료 봉사를 떠났어요. 하지만 도착하고 얼마 지나지 않아 청일전쟁이 터지는 바람에 모두 서울로 돌아와야 했어요. 얼마 뒤 홀 박사 혼자 평양으로 다시 돌아가 부상자와 환자들을 돌봤어요. 가족 곁으로 돌아갈 날을 기대하며 밤낮없이 환자를 돌보던 홀 박사는 몸이 쇠약해진 데다 발진 티푸스에 걸려 평양에서 그만 세상을 떠나고 말았어요.

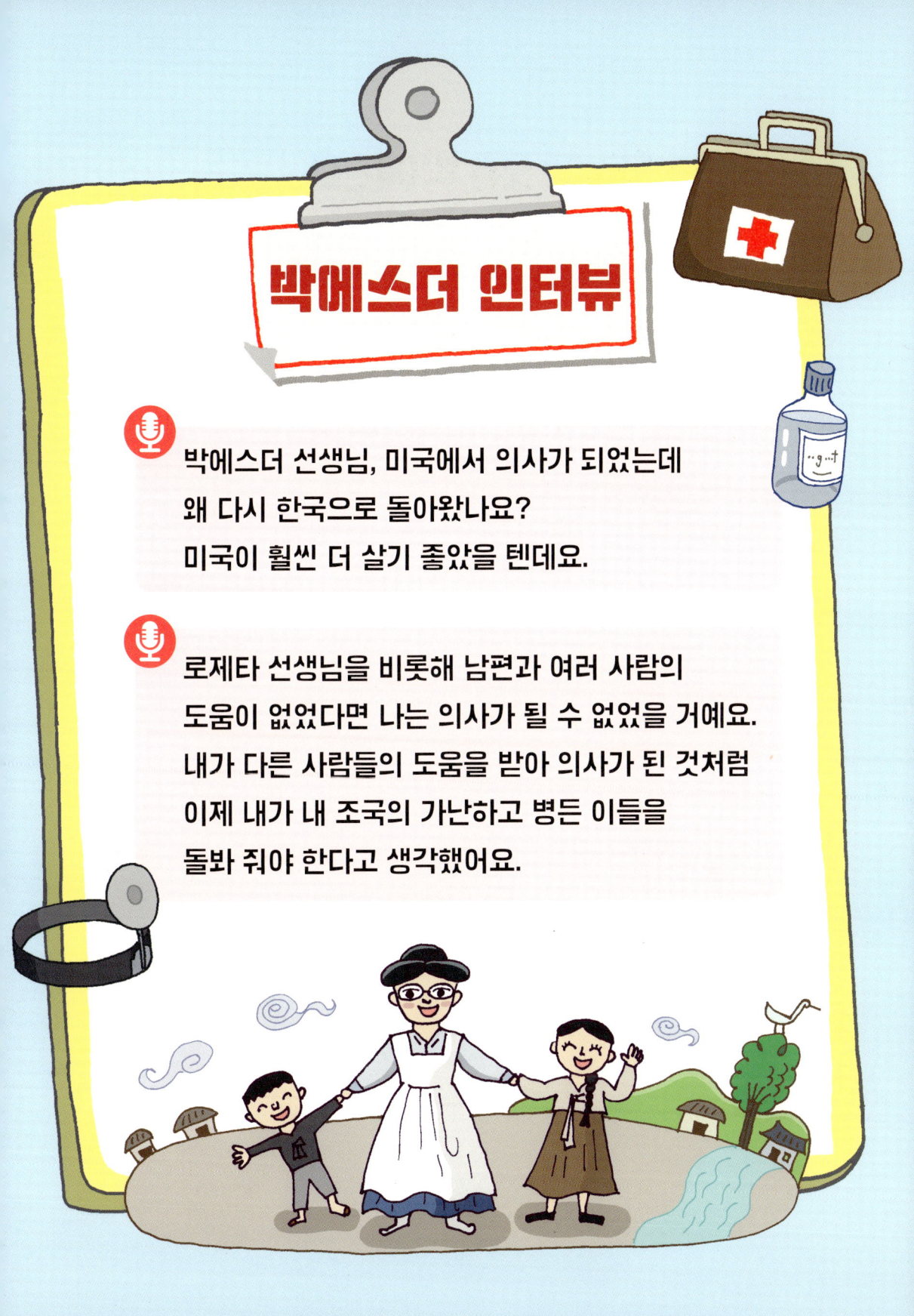

박에스더 인터뷰

🎙 박에스더 선생님, 미국에서 의사가 되었는데 왜 다시 한국으로 돌아왔나요? 미국이 훨씬 더 살기 좋았을 텐데요.

🎙 로제타 선생님을 비롯해 남편과 여러 사람의 도움이 없었다면 나는 의사가 될 수 없었을 거예요. 내가 다른 사람들의 도움을 받아 의사가 된 것처럼 이제 내가 내 조국의 가난하고 병든 이들을 돌봐 줘야 한다고 생각했어요.

미국 유학길에 오른 박에스더

갑작스럽게 남편을 잃고 슬픔에 잠긴 로제타 선생은 한 살 난 아들과 함께 친정이 있는 미국으로 돌아가기로 했어요. 그 소식을 들은 에스더는 로제타 선생을 찾아갔어요.

"선생님, 저도 데려가 주세요. 꼭 의사가 되고 싶어요."

오랫동안 에스더를 곁에서 지켜보며 에스더가 의사가 되기를 누구보다 바랐던 로제타 선생은 에스더 부부와 함께 미국으로 떠났어요.

미국에 도착한 에스더는 뉴욕의 공립 학교에 등록해 고등학교 과정을 공부했어요. 에스더가 아동 병원에서 생활비를 벌면서 의과 대학 입학시험을 준비하는 동안 남편 박유산은 농장과 식당에서 일하며 묵묵히 아내를 뒷바라지했어요. 유학길에 오를 때만 해도 박유산도 함께 공부를 할 계획이었어요. 하지만 살림살이가 빠듯했고, 공부에 대한 에스더의 의지가 강하다는 것을 안 박유산이 자신의 공부를 포기하고 전적으로 아내를 돕기로 한 거죠.

밤낮없이 공부한 에스더는 1년 만인 1896년 볼티모어 여자 의과 대학에 합격했어요. 300명의 신입생 가운데 에스더는 나이가 가장 어린 학생이었고, 유일한 한국인이었어요.

그사이 에스더 부부 사이에는 첫딸이 태어났어요. 하지만 기쁨도 잠시였어요. 에스더가 의대에서 공부를 하는 동안 한 살 난 딸이 폐결핵에 걸려 하늘나라로 떠난 거예요. 딸을 잃은 슬픔과 가난한 미국 생활에 지쳐 갈 때쯤 로제타 선생에게서 연락이 왔어요.

"에스더, 의사가 되는 것을 그만두고 나와 함께 조선으로 돌아가 의료 봉사를 하지 않겠니?"

너무나 힘들어서 다 포기하고 싶었지만 에스더는 고개를 가로저었어요.

"지금 공부를 포기하면 영영 다음 기회는 안 올 거예요. 최선을 다해 보고 그 뒤에도 배울 수 없다면 그때 포기하겠어요."

후원자였던 로제타 선생이 조선으로 떠나고 타국에 홀로 남게 된 에스더 부부는 서로에게

의지하며 힘든 유학 생활을 견뎌 나갔어요. 에스더가 의대에서 열심히 공부하는 동안 남편 박유산은 닥치는 대로 일하며 생활비를 벌었어요.

에스더의 의대 졸업 시험을 한 달 앞두고 또 한 번 큰 시련이 닥쳐왔어요. 남편 박유산이 폐결핵에 걸려 병원에 입원을 하게 된 거지요. 미국 생활 내내 쉬지 않고 힘겹게 일을 한 나머지 과로와 영양실조가 겹쳤던 거예요. 결국 박유산은 에스더의 의대 졸업 시험을 3주 남겨 두고 세상을 떠났어요.

'딸도, 남편도 잃었는데, 의사가 된들 무슨 소용일까?'

에스더가 깊은 슬픔에 잠겨 있을 때였어요. 귓가에 남편 목소리가 들려왔어요.

'에스더, 나는 당신이 윌리엄 박사님과 로제타 선생님처럼 가난한 조선 사람들을 돕는 훌륭한 의사가 되면 좋겠어요.'

에스더는 힘든 미국 생활 중에도 생활비를 쪼개 독립 자금을 보내며 조국과 동포를 생각하던 남편을 떠올리며 마음을 다잡았어요. 그 결과 박에스더는 졸업 시험에 합격했고, 꿈에도 그리던 정식 의사가 됐어요. 한국 최초의 여성 의사가 탄생한 순간이기도 했어요. 에스더는 남편 박유산을 미국 땅에 남겨 두고 홀로 귀국길에 올랐어요.

박에스더의 한마디

여자가 할 일과 남자가 할 일이 따로 정해져 있다고 생각하지 않아요. 자유롭게 생각하고, 자신의 꿈을 끝까지 포기하지 말고 하나씩 이뤄 나가세요.

한국 최초 여의사가 되어 조국으로 돌아오다

박에스더가 떠날 때 '조선'이던 나라 이름은 공부를 마치고 돌아왔을 때 '대한 제국'으로 바뀌어 있었어요.

박에스더는 귀국해서 로제타 선생을 도왔어요. 하지만 이제 통역 일이나 의사의 조수가 아닌 동료 의사로서 당당하게 환자를 돌보게 되었죠.

이 무렵 조국엔 근대화 바람이 불고 있었어요. 하지만 여성의 삶의 질은 여전히 나아지지 않았고, 가난과 미신 때문에 치료 시기를 놓쳐 목숨을 잃는 환자도 많았어요. 하루는 박에스더가 콜레라 환자의 집을 찾아갔는데, 문에 붙어 있는 고양이 그림을 봤어요.

"왜 고양이 그림을 붙여 놓았나요?"

"콜레라는 쥐가 옮기는 병이잖아요. 고양이 그림을 보고

쥐가 겁먹고 도망가라고 붙여 놨어요."

주인의 대답에 박에스더는 말문이 막혔어요.

'병의 치료도 중요하지만 교육부터 시작해야겠어.'

박에스더는 진료를 하는 틈틈이 강의를 열어 미신과 잘못된 건강 상식들을 바로잡고, 위생 관념이 없던 사람들에게 위생 교육을 했어요. 한편으로 박에스더는 한국 최초의 '간호사 양성소'를 설립해 학생들을 가르치며 근대식 여성 의료 교육에도 앞장섰어요.

세상이 변하고 생각이 조금씩 달라지고 있었지만 여전히 여성 환자들은 남자 의사와 외국인 의사에게 몸을 보여 주는 것을 꺼렸어요. 박에스더는 예전에 통역 일을 했던 보구여관에서 진료를 하기 시작했어요.

"소문 들었어? 보구 여관에 조선인 여의사가 왔대."

조선인 여의사가 진료를 한다는 소문이 퍼지면서 쉬는 날에도 에스더의 집 앞에는 환자들이 길게 늘어섰어요. 박에스더는 진료소에서 멀리 떨어진 두메산골에 사는 환자를 위해 가마를 타고, 당나귀를 타고 직접 왕진을 다니기도 했어요. 귀국 후 박에스더는 10년 동안 매년에 5000명이 넘는 환자를 치료했어요.

'나를 기다리는 환자들이 줄을 섰는데, 지금 쉴 순 없어. 조금만 참자.'

환자를 돌보느라 정작 자신의 몸을 돌볼 틈이 없었던 박에스더의 건강은 눈에 띄게 나빠졌어요. 어느덧 박에스더의 몸엔 걷잡을 수 없이 결핵균이 퍼져 있었어요. 폐결핵은 박에스더의 딸과 남편을 앗아 간 병이에요. 박에스더는 뒤늦게 베이징으로 요양을 떠나 병이 회복되길 바랐어요. 하지만 안타깝게도 박에스더는 병을 이기지 못하고 고국에 돌아온 지 10년 만에 세상을 떠나고 말았어요. 그녀의 나이 겨우 서른네 살이었어요.

가족처럼 지내던 에스더가 세상을 떠나고 로제타 선생과 아들 셔우드 홀은 큰 슬픔에 잠겼어요.

셔우드 홀은 진심으로 환자를 사랑했던 박에스더를 기념하려고 결핵 환자를 위한 요양소를 세우고 결핵 퇴치 운동을 시작했어요. 그리고 결핵 환자 기금 마련을 위해 크리스마스실을 발행했지요. 지금은 주로 메일이나 문자 메시지로 안부를 전하지만 그때처럼 우편으로 편지를 보내던 시절엔 우표 옆에 크리스마스실이라는 것을 함께 붙여 보내곤 했어요. 진심으로 환자를 돌봤던 박에스더는 세상을 떠난 뒤에도 귀중한 생명을 살리고 있는 셈이에요.

박에스더 갤러리

박에스더
(1877년~1910년 4월 13일)

1895년 9월, 미국에서 유학 중이던 에스더 부부와 로제타 홀 가족이 기념사진을 찍었다.

1887년 서울에 설립되었던 한국 최초의 여성 전문 병원 보구 여관

가난한 이들의 마음까지 치료한 의사, 장기려
(1911~1995년)

"지금이에요. 얼른 도망가요."

"그래도 어떻게……."

"이러다 들키겠어요. 내가 책임질 테니, 얼른 가세요."

"고맙습니다. 돈은 나중에 꼭 갚을게요."

의사가 된 소년

장기려는 1911년 일제 강점기에 평안도 용천에서 한문학자인 아버지 장운섭과 어머니 최윤경의 둘째 아들로 태어났어요. 할머니 손에 이끌려 소학교에 들어가기 전부터 교회에 다녔던 장기려는 자연스럽게 기독교적인 집안 분위기 속에 자라났어요. 유복한 집안에서 태어났지만 점점 가세가 기울자, 장기려는 그 당시 학비가 가장 쌌던 경성 의학 전문학교(줄여서 경성 의전)에 다니기로 결심했어요. 하지만 일본인 학생 수가 3분의 2가 넘는 의대에 들어가는 건 쉬운 일이 아니었어요.

'의대에 합격하면 평생 의사 한 번 못 보고 죽는 가난한 이들을 위한 의사가 되겠습니다.'

장기려는 날마다 기도를 하며 열심히 시험 준비를

했어요. 노력 끝에 장기려는 의대에 합격했어요. 간절히 바라던 의대생이 됐지만 학교를 다니는 내내 일본인 학생들에게 따돌림을 당했어요. 그럴 때마다 장기려는 가난한 이들을 위한 의사가 되겠다는 결심을 되새기며 더욱 열심히 공부했고, 덕분에 의대를 수석으로 졸업했어요.

졸업 후 장기려는 경성 의전에서 외과 강사로 일하면서 박사 학위도 받아 당시 조선인 중에 10명도 채 되지 않던 의학박사가 됐어요. 장기려의 실력을 눈여겨봤던 스승은 의사라면 누구나 탐낼 법한 종합 병원 과장 자리를 추천했어요. 하지만 장기려는 가난한 환자를 돕겠다던 자신의 다짐을 떠올리며 스승의 제안을 정중히 거절하고 평양의 선교 병원으로 떠났지요. 돈이 없는 환자의 치료비를 대신 내 줘 늘 살림은 빠듯했고, 진료가 없는 날엔 외딴 마을까지 왕진을 나가 환자들을 돌보며 고단한 나날을 보냈어요.

"선생님, 저희 아들을 살려 주신 이 은혜 잊지 않을게요."
가난한 농부가 치료비 대신 놓고 간 달걀을 보며 장기려는 의사로서의 보람을 느꼈어요.

그사이 장기려는 한 여자의 남편이자 여섯 아이의 아버지가 되어 있었어요. 광복이 된 뒤 장기려에 대한 소문을 듣고

낯선 사람들이 찾아왔어요.

"장 박사님을 모셔 가려고 찾아왔습니다."

낯선 사람들은 김일성 종합 대학에서 나온 사람들이었어요. 내키지 않았지만 거절할 수 없는 분위기임을 깨달은 장기려는 김일성 종합 대학에서 외과 교수로 일하게 됐어요.

1950년 6월 25일, 대포 소리와 함께 화염이 하늘로 치솟으며 세상은 온통 전쟁의 소용돌이에 휘말렸어요. 평양 시내도 한순간에 화염에 휩싸였어요. 순식간에 병원은 수백 명의 부상자로 가득 찼고 장기려는 동료 의사들과 정신없이 환자들을 돌봤어요.

그러던 어느 날, 중국 공산군이 북한군을 도우러 내려오고 있다는 소문이 장기려의 귀에도 들려왔어요. 장기려도 가족과 함께 피난길에 올랐어요. 장기려의 아내는 아이들을 데리고 친정 부모와 먼저 떠나고, 장기려는 부모님을 모시러 갔어요. 하지만 부모님은 피난 가기를 한사코 마다하셨지요. 어쩔 수 없이 작은아들 가용이만 데리고 부랴부랴 차를 탔는데, 그만 아내와 길이 엇갈렸어요. 창밖으로 아내와 아이들의 모습이 보였지만, 난리 통에 제 식구만 차에 태울 수가 없어서 아내를 부르지 못했어요.

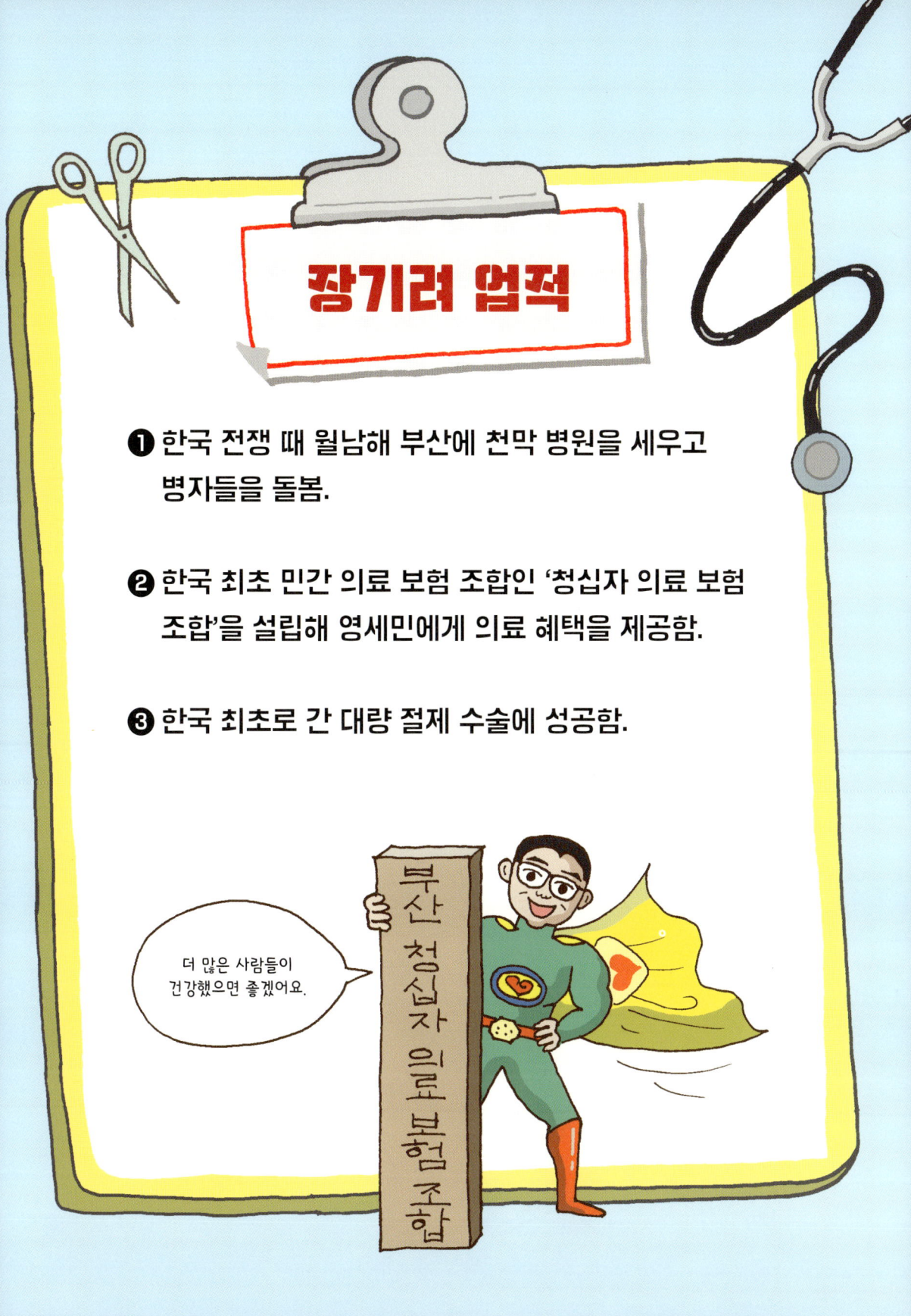

'미안해요. 먼저 가서 기다리고 있을게요. 남쪽에서 다시 만납시다.'

장기려는 마음속으로 아내에게 말을 건넸어요. 그때까지만 해도 그것이 가족과의 마지막 만남이 될 줄은 꿈에도 모른 채 말이에요.

천막 병원을 세우다

 대동강에 도착해서야 아내와 아이들을 찾아보았지만 가족의 모습은 보이지 않았어요. 평양까지 밀고 내려온 중국 공산군을 피해 장기려는 아들 가용이와 함께 부산까지 내려갔어요.

 부산에 도착한 장기려는 가족들이 중국 공산군에 막혀 피난을 포기하고 집으로 되돌아갔다는 소식을 전해 듣고는 큰 슬픔에 잠겼어요. 그러나 어린 아들을 보며 마음을 다잡았어요. 군대에서 의사를 구한다는 소식을 듣고 군부대로 찾아간 장기려는 육군 본부에 소속되어 환자를 돌봤어요.

 그 무렵 부산은 고향을 떠나 피난 온 사람들로 들끓었어요. 집을 구하지 못한 사람들은 종이나 나무판자, 천을 주워다 바람막이를 만들어 생활했어요. 일자리와 먹을 것을 찾아 거리를 헤매다 노숙자나 병자가 된 사람들과 전쟁 통에 고아가 된 아이들이 거리에서 죽어 가기도 했어요.

 '항생제 한 알만 있어도 살릴 수 있을 텐데······.'

 장기려는 죽어 가는 사람들을 보면서 무력감에 빠졌어요.

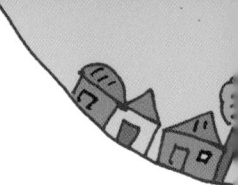

그때 장기려 앞에 선물처럼 전영창이라는 사람이 나타났어요. 부자와 권력자들은 전쟁이 나자 외국으로 달아나기 바빴지만, 미국에서 유학 중이던 전영창은 그 반대였어요. 고국에서 동포들이 비참하게 죽어 간다는 소식을 듣고 한달음에 조국으로 돌아온 전영창은 자선 병원을 세우는 데 써 달라며 장기려에게 미국에서 모금한 5000달러를 내놓았어요.

"고맙습니다. 동포들의 소중한 돈, 귀하게 쓰겠습니다."

전영창의 진심에 감동한 장기려는 당장 육군 병원에 사직서를 냈어요. 그리고 1951년 영도의 한 교회 창고를 수리해 병원을 열었어요. '하느님의 복된 말씀'이란 뜻의 '복음 병원'이라고 이름 짓고, 치료비는 한 푼도 받지 않았지요.

수술대가 없어 나무판 위에서 수술을 하고, 전기가 잘 공급되지 않아 밤에는 촛불을 켜고, 여름엔 냉방도 되지 않는 수술실에서 속옷 차림으로 땀 흘리며 수술을 했지만 장기려는 환자를 한 명이라도 더 돌볼 수 있게 되어 다행이라고 생각했어요. 하지만 무료 병원이 문을 열었다는 소문이 퍼지고 환자들이 한꺼번에 몰려들면서 의료품은 금방 바닥이 났고, 환자 침대를 놓을 공간조차 부족해졌어요.

'버젓한 입원실은 아니더라도 막 수술 마친 환자를 한여름

뙤약볕 아래 둘 수는 없어.'

장기려는 궁리 끝에 유엔(UN) 사무실에서 군용 천막을 구해 와 진료실과 입원실, 수술실로 썼어요. 급한 대로 군용 천막을 쳐서 부족한 공간 문제는 해결했지만, 또 다른 문제는 의사였어요. 장기려 혼자 끼니까지 굶어 가며 하루에 100명 넘는 환자를 진료했지만, 하루 종일 기다리기만 하다 집으로 돌아가는 환자가 많았어요.

때마침 부산에 내려와 있던 경성 의전 후배 전종휘가 천막 병원으로 찾아왔어요. 장기려 혼자 온종일 뛰어다니며 환자의 피고름을 짜고 수술하는 모습을 보고는 차마 돌아갈 수가 없었던 전종휘는 병원 일을 돕기로 했어요. 그때부터 장기려와 전종휘는 쉬는 날에도 거동이 불편한 환자들을 직접 찾아다니며 열심히 환자를 돌봤어요.

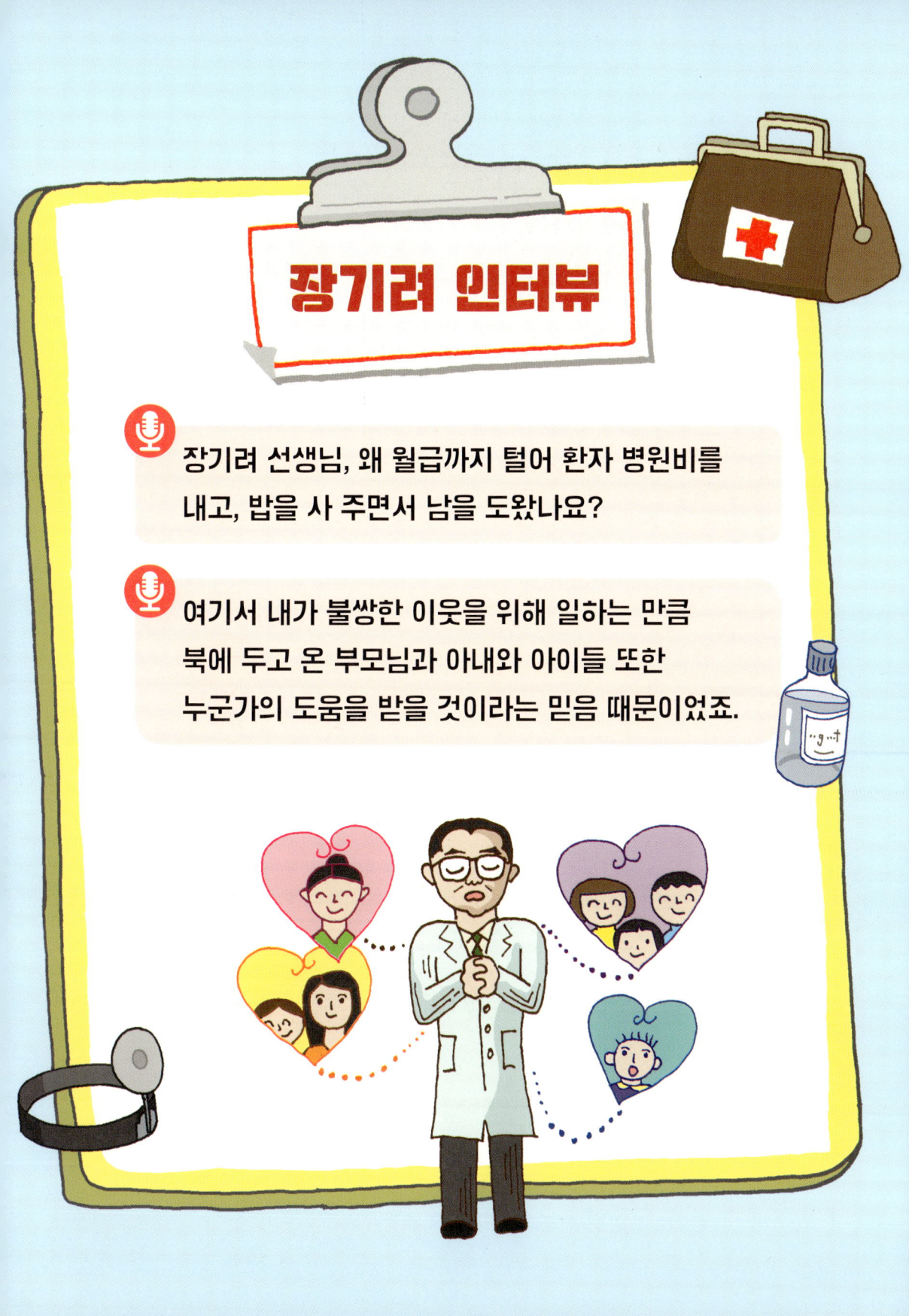

옥탑방에 사는 의사

1953년 7월 27일 드디어 휴전이 됐어요. 전쟁이 끝나자 사람들은 하나둘 부산을 떠나 고향으로 돌아갔어요. 후배 전종휘도 서울 의대를 따라 서울로 돌아가려고 짐을 꾸렸고, 전영창도 남은 공부를 마치겠다며 미국으로 떠날 준비를 했어요.

"장 박사님, 이제 그만 서울로 가서 학생들을 가르치셔야죠. 전쟁이 끝났으니 유엔의 원조도 끊길 테고, 가뜩이나 어려운 병원 살림이 더 어려워질 거예요. 더 이상 병원을 운영하는 것은 불가능합니다."

두 사람이 설득했지만 장기려는 선뜻 대답을 할 수 없었어요.

"나는 여기 복음 병원에 남겠습니다. 가난한 이웃들이 믿고 의지하던 병원을 하루아침에 사라지게 할 순 없어요."

그때부터 장기려는 일주일에 한 번씩 꼬박 열두 시간 넘게 걸리는 서울과 부산을 오가며 학생들을 가르치면서 하루도 빠짐없이 날마다 100명이 넘는 환자를 돌보는 고단한 생

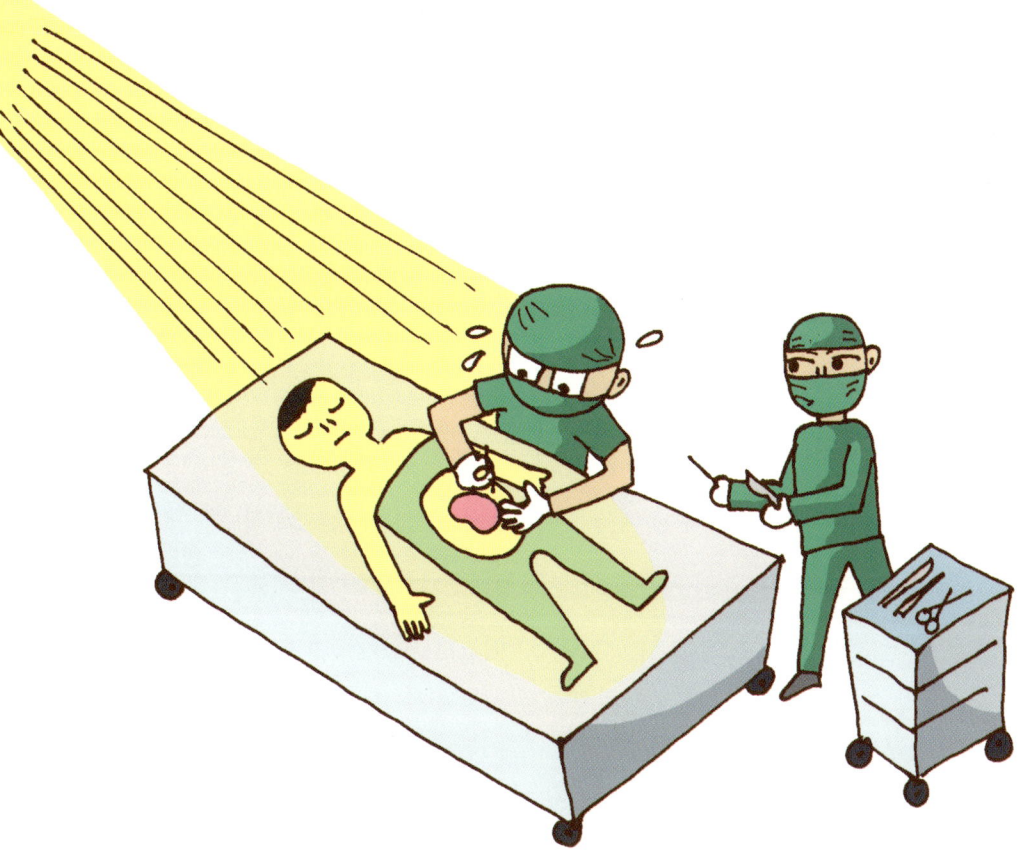

활을 이어 갔어요.

 그사이 남북은 더 이상 마음대로 오고 갈 수 없는 곳이 되어 버렸고, 장기려는 북에 두고 온 가족을 생각하며 남몰래 눈물을 흘렸어요.

 가난한 이들과 함께 봉사하는 삶을 살아온 장기려는 북에 두고 온 가족을 생각하며 평생 독신으로 지냈어요. 남북 화해 분위기 속에 정부는 장기려에게 북한에 다녀올 기회를 만들어 줬어요.

'다른 가족들을 제치고 나만 특혜를 누릴 수는 없어.'

그렇게 장기려는 언제 다시 올지 모르는 가족 상봉의 기회를 단호하게 거절했어요.

휴전이 된 이듬해, 복음 병원엔 변화가 생겼어요. 몸이 부서져라 환자를 돌봐 온 장기려의 진심이 통했는지 부산 시민들이 낸 성금과 미국 원조 기관의 후원금이 모여 부산 송도에 고려 신학교와 통합한 새 병원이 지어졌어요. 그때까지 제대로 된 집도 없이 살던 장기려는 병원에서 내준 옥탑방에서 지내게 됐어요.

그 무렵 장기려는 서울 대학교 교수직을 그만두고 부산으로 내려왔어요. 의사 선후배들은 경제적으로 안정적이고 여유로운 대학교수 자리를 박차고 옥탑방에 살면서 자선 병원에서 일하겠다고 고집하는 장기려를 이해할 수 없었어요.

혹시 의사로서의 실력이 부족해서 교수직을 사양한 것은 아니냐고요? 천만에요. 장기려는 우리나라 최초로 간 대량 절제 수술을 성공시킨 명의였어요. 3000억 개가 넘는 세포로 이루어져 있는 간은 우리 몸에서 가장 큰 장기 중 하나예요. 혈관이 많아 수술 중 심한 출혈로 이어질 수 있어 그 당시 의사들은 간 수술을 꺼렸어요. 하지만 장기려는 간의 구

조를 끊임없이 연구하고 출혈을 줄일 수 있는 수술법을 개발해 국내 최초로 간암 환자의 간 70퍼센트를 대량으로 절제하는 수술에 성공했어요.

장기려가 성공시킨 수술은 현대 의학사에서 중요한 업적으로 평가받았어요. 장기려가 간 수술에 성공한 10월 20일은 '간의 날'로 지정되었고요.

마음만 먹으면 서울의 큰 병원에서 유명한 의사로 이름을 날릴 수 있었지만 장기려는 돈과 명예를 뒤로하고 가난한 사람들을 치료하는 의사가 되겠다는 처음의 맹세를 끝까지 지켰어요.

바보 의사 장기려

아무리 유능한 의사도 종종 실수를 할 때가 있어요. 다른 의사들이 실력을 인정하는 의사 장기려도 의료 사고를 낸 적이 있어요.

척추에 결핵균이 감염돼 척추 결핵증을 앓고 있는 한 청년을 수술할 때였어요. 꼼꼼하게 수술 부위를 짚어 가며 집도를 했지만 신경을 잘못 건드리는 바람에 마비가 와서 수술 후 환자는 목과 팔만 움직일 수 있게 되었어요. 장기려는 청년에게 용서를 구했고, 그를 위해 집과 음식을 마련해 주고 반려자까지 소개해 줬어요. 낙담해 있던 청년은 장기려의 보살핌 속에 희망을 가지고 다시 일어설 수 있었어요.

돈과 권력을 가진 환자를 가려서 치료하고, 의료 사고가 나면 발뺌하기 바쁜 요즘 의사들과 달리 실수를 인정하고 끝까지 환자를 책임지는 장기려의 모습은 많은 사람들에게 울림을 줬어요.

어느 날은 회진을 돌던 장기려가 간호사에게 물었어요.

"오늘 수술하기로 한 환자는 어디 있죠?"

"그게……, 수술비가 없어서 수술을 안 받겠다고 퇴원했어요."

 장기려는 안타까운 마음에 한숨을 내쉬었어요. 지금은 우리나라 국민이라면 누구나 국민 건강 보험의 혜택을 받지만 1968년만 해도 의료 보험 제도가 없어서 큰 수술을 하려면 목돈이 들었어요. 가난한 사람들은 비싼 수술비 때문에 결국 수술을 포기하는 경우가 종종 있었어요.

 '어떻게 하면 가난한 사람들에게 의료 혜택을 나눠 줄 수 있을까?'

 한창 고민에 빠져 있을 무렵, 장기려는 성경 공부 모임에 나갔다가 덴마크 유학생 채규철을 만났어요. 채규철에게 선진국의 의료 보험 제도에 관해 전해 들은 장기려는 순간 좋은 생각이 떠올랐어요.

 '옳지, 건강할 때 이웃을 돕고, 병이 났을 때는 도움을 받으면 되겠구나!'

 그렇게 해서 장기려는 우리나라 최초의 의료 보험 조합인 '청십자 의료 보험 조합'을 만들었어요. 청십자 의료 보험은 담뱃값이 100원이던 그 당시 60원의 보험료를 내고 의료 혜택을 받는 제도였어요. 국민 건강 보험이 만들어져 지금의 모습으로 자리 잡기까지 22년 동안 22만 명에 이르는 사람들이 청십자 의료 보험의 혜택을 받았지요.

가난하고 병든 사람들을 위해 의료 보험 조합을 만든 공로를 인정받은 장기려는 1979년 '아시아의 노벨상'이라고 불리는 라몬 막사이사이상을 받았어요. 장기려는 그 상의 상금마저 어려운 이웃에게 기부했어요.

세월이 흘러 여든두 살의 노인이 된 장기려는 당뇨병과 뇌졸중으로 두 번이나 쓰러졌어요. 몸의 반쪽을 움직이지 못하게 되었는데도 환자 돌보는 일을 멈출 수 없다며 의료 시설이 없는 무의촌 진료를 계속했어요.

환자들은 늙고 병들어 간호사의 부축을 받아야만 하는 노의사에게 진료를 받고 싶어 했어요. 그건 환자들이 장기려가 몸뿐만 아니라 마음의 병까지 고치는 의사라는 것을 알았기 때문이 아닐까요?

평생 집 한 채 없이 병원 옥탑방에 살면서 가난한 이들 곁에서 사랑의 의술을 베풀었던 바보 의사 장기려는 그리워하던 가족을 끝내 보지 못한 채 1995년 12월 25일 성탄절에 하늘나라로 먼 여행을 떠났어요.

장기려 갤러리

장기려
(1911년 8월 14일~1995년 12월 25일)

회진 중인 장기려

기록으로 생명을 구한, 플로렌스 나이팅게일
(1820~1910년)

19세기, 어느 가난한 집안

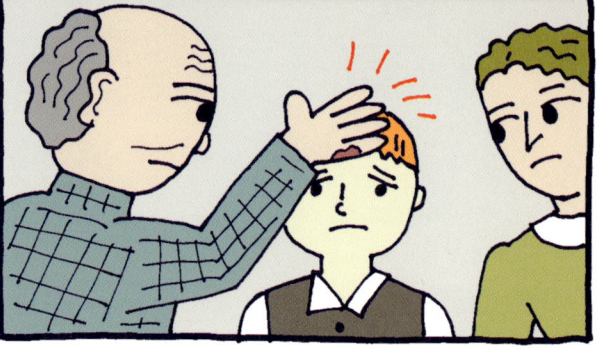

수 놓기보다 수학을 좋아한 소녀

플로렌스 나이팅게일은 1820년 영국에서 태어났어요. 플로렌스의 집은 여름에 사는 집과 겨울에 사는 집이 따로 있을 정도로 집안 살림이 넉넉했어요.

당시 또래 부잣집 여자아이들은 하루 종일 집에서 외모를 가꾸고, 수를 놓고, 파티 준비를 하며 시간을 보냈지만 플로렌스는 그런 것엔 전혀 관심이 없었어요. 그 시간에 플로렌스는 신문을 읽고 지리학과 수학, 외국어를 공부했지요. 특히 수학을 좋아해서 여행을 하면서 거리를 계산해 보기도 하고, 출발 시각과 도착 시각을 기록하며 걸린 시간을 따져 보기도 했어요.

호기심 많은 플로렌스는 바깥 구경을 좋아했는데, 거리에서 굶주리고 병든 사람과 마주칠 때마다 생각에 잠겼어요.
'어째서 나와 저 사람들이 다른 거지?'
어머니는 딸들이 좋은 집안 남자를 만나 결혼하기를 바랐지만 플로렌스는 달랐어요. 어머니와 언니가 파티를 열 때 플로렌스는 집을 몰래 빠져나와 빈민가 사람들에게 가져간 음식을 나눠 주고 돌아왔어요.
나이가 들수록 플로렌스는 파티에서 사람들과 어울리기보다 도움이 필요한 사람들 곁에 머물 때가 마음이 편안하고 행복하다고 느꼈어요. 병원에서 환자를 돕는 일을 하던 플로렌스는 문득 앞으로 자신이 해야 할 일을 깨달았어요.
'그래. 나는 간호사가 되어 병들고 가난한 사람을 위해 일할 거야.'

하지만 가족들의 반응은 싸늘했어요. 당시 간호사는 의학적인 지식도 전혀 없고, 늘 술에 취해 있고, 허드렛일만 하는 늙은 여자가 대부분이었으니까요. 부잣집에서 곱게 자란 딸이 하녀 취급을 받는 간호사가 된다는 건 상상조차 할 수 없는 일이었어요.

'여행을 다니면서 새로운 것을 접하다 보면 플로렌스의 생각도 달라질 거야.'

플로렌스의 부모는 딸의 마음을 돌려 보려고 유럽으로 가족 여행을 떠났어요. 하지만 외국의 낯선 거리에서 만난 병들고 가난한 사람들은 간호사가 되겠다는 플로렌스의 결심을 더욱 단단하게 만들 뿐이었어요. 그때부터 플로렌스는 의학과 위생, 병원과 관련된 책을 구해 스스로 공부하면서 간호사의 꿈을 키워 갔어요.

그러던 어느 날 플로렌스는 친구와 이집트를 여행하던 중 우연히 한 병원을 방문하게 됐어요. 그런데 간호사들이 환자에게 간단한 처치조차 할 줄 몰라 쩔쩔매는 모습을 보고 충격을 받았어요.

'환자를 돌보려면 제대로 된 간호 교육을 받아야 해.'

여행에서 돌아온 플로렌스는 가족들을 끈질기게 설득한

끝에 독일의 카이저베르트 병원에 수습생으로 들어가 간호사가 되기 위한 첫 훈련을 시작했어요.

서른세 살, 늦은 나이에 시작한 공부였지만 꿈에 한 발짝 다가섰다는 생각에 가슴이 벅차올랐어요. 병원 일이 익숙해질 무렵 플로렌스는 영국 런던의 한 요양 병원에서 관리 책임자로 일하게 됐어요. 플로렌스는 간호사였지만, 환자를 간호하는 일에만 매달리지는 않았어요. 의약품과 환자들이 먹는 음식 재료는 잘 관리되고 있는지, 위생에 신경을 쓰고 있는지 살펴보고, 무능하고 게으른 직원은 당장 해고할 정도로 당찬 모습도 보여 줬어요.

그런가 하면 효율적으로 간호하는 방법도 연구했어요. 호출 벨을 고안해 환자들이 원할 때 간호사를 부를 수 있게 했고, 병실마다 온수가 나오는 수도를 연결해 물을 가지러 병원 계단을 오르내리는 수고도 줄였어요. 플로렌스가 오고 난 뒤 병원은 적은 수의 간호사로도 많은 환자를 돌볼 수 있게 됐지요.

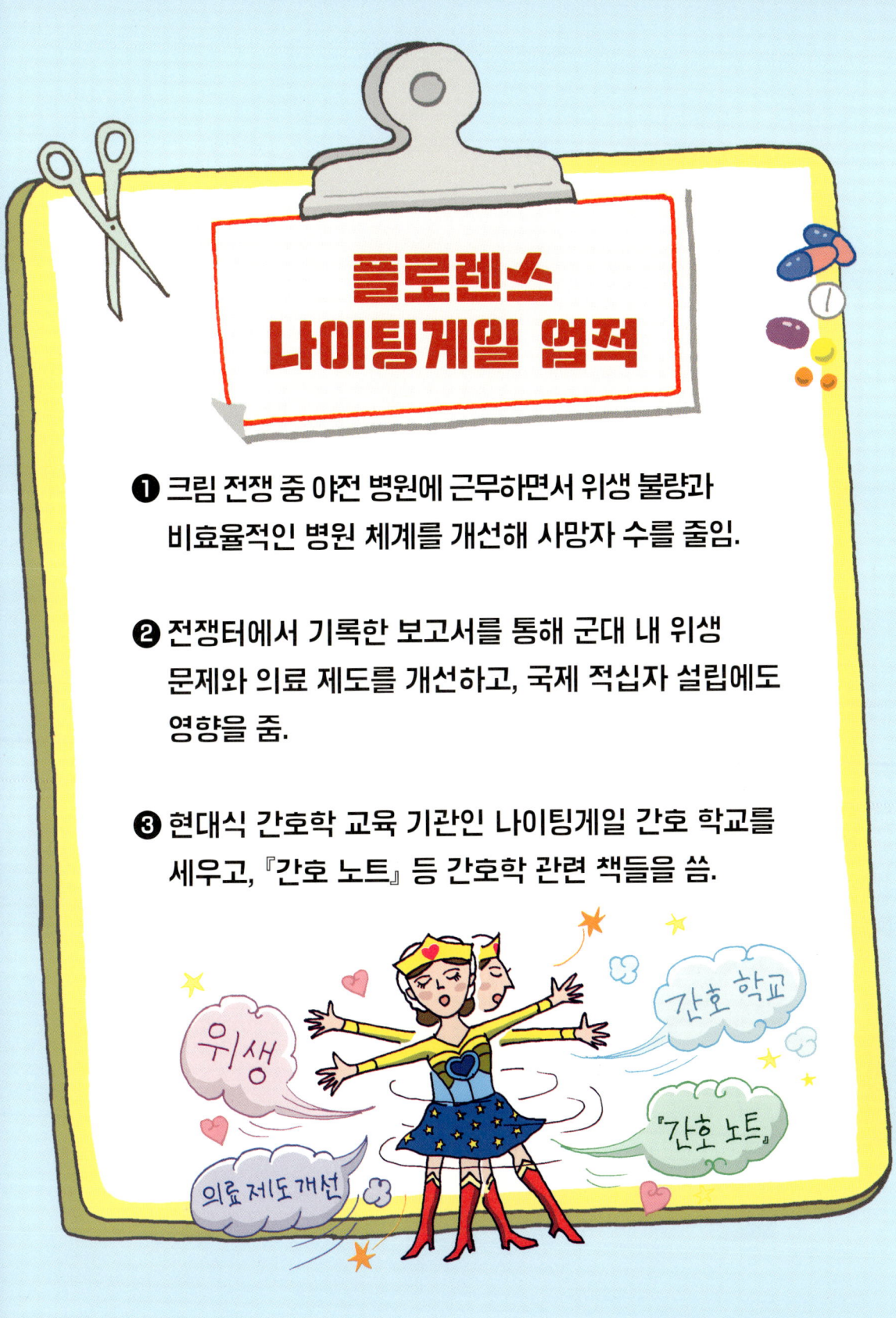

플로렌스 나이팅게일 업적

❶ 크림 전쟁 중 야전 병원에 근무하면서 위생 불량과 비효율적인 병원 체계를 개선해 사망자 수를 줄임.

❷ 전쟁터에서 기록한 보고서를 통해 군대 내 위생 문제와 의료 제도를 개선하고, 국제 적십자 설립에도 영향을 줌.

❸ 현대식 간호학 교육 기관인 나이팅게일 간호 학교를 세우고, 『간호 노트』 등 간호학 관련 책들을 씀.

전쟁터로 간 간호사들

1853년, 지금의 우크라이나 남쪽 크림반도에서는 러시아와 유럽 연합국 간에 전쟁이 벌어져 많은 군인이 부상을 당하거나 목숨을 잃었어요. 영국 「타임스」 신문은 물자와 인력이 부족한 스쿠타리(터키 위스퀴다르의 옛 이름) 야전 병원에서 제대로 치료도 받지 못한 채 많은 군인이 죽어 가고 있다는 소식을 전했어요. 그 시각 런던 병원에서 일하고 있던 플로렌스도 기사를 봤어요.

'소중한 생명을 잃게 할 순 없어. 스쿠타리 병원으로 가야겠어.'

가족들은 전염병이 돌고 있는 전쟁터 한가운데로 떠나려는 딸을 막고 싶었지만 이미 플로렌스의 고집을 꺾을 수 없다는 것을 알고 허락했어요.

"영국의 아들들을 구하러 우리 함께 떠납시다!"

1854년 11월, 플로렌스

는 직접 훈련시킨 서른여덟 명의 간호사와 함께 영국을 떠나 터키로 향했어요. 영국 군인들을 구하겠다는 야심 찬 포부로 고향을 떠나온 플로렌스와 간호사들은 마침내 스쿠타리 병원에 도착했어요.

각오를 단단히 했지만 막상 눈앞에 펼쳐진 광경은 지옥과 같았어요. 환자들은 벌레가 기어 다니고 악취가 진동하는 복도 바닥에 쓰레기처럼 나뒹굴고 있었고, 1000명이 함께 쓰는 화장실에선 배설물이 넘쳐 나 벌레가 들끓었으며, 의약품과 일손은 턱없이 부족했어요. 심지어 죽은 병사의 시체가 병실에 며칠째 방치되기도 했어요. 그런 데다가 의사들은 간호사들을 하녀 대하듯 무시했지요.

"이대로 가만히 보고만 있을 순 없어요. 우리가 할 수 있는 일부터 시작합시다."

플로렌스는 풀이 죽어 있는 간호사들을 다독여 청소와 빨래부터 시작했어요. 창문을 열어 환기를 하고, 환자를 씻기고, 더러워진 이불과 옷을 세탁하고, 환자를 위한 음식을 만드느라 눈코 뜰 새 없이 바빴어요. 또 틈틈이 병원 구석구석을 돌아다니며 위생 상태를 살피고, 개선해야 할 점들을 보고서로 작성했어요.

'어떻게 하면 환자들이 음식을 잘 소화시킬까?'

소화력이 떨어져 먹기만 하면 배탈이 나는 환자를 위해 딱딱한 음식 대신 고기를 넣어 끓인 맑은 수프를 먹게 한 뒤부터 설사 환자가 많이 줄었어요.

또 날마다 산더미처럼 많은 빨랫감이 쏟아졌지만 병원엔 세탁할 장소도 비좁고 일손도 모자랐어요.

'많은 빨래를 좀 더 효율적으로 하는 방법은 없을까?'

궁리 끝에 플로렌스는 사비를 들여 낡은 농가를 빌려 세탁실로 개조한 뒤 보일러를 설치하고 부족한 일손은 군인들의 아내를 고용해 빨래 문제를 해결했어요.

하루는 환자에게 사용할 물품을 신청한 지 한참이 지나도 도착하지 않자 물품 창고 담당 군인을 찾아갔어요.

"지난번 제가 주문한 붕대와 거즈는 언제 도착하나요?"

"허가가 나려면 아직 한참 더 기다려야 할 겁니다."

돌아온 대답에 플로렌스는 한숨을 쉬었어요. 군대와 관련된 일은 여러 기관이 함께 관리했어요. 담요 한 장을 구입할 때도 서류를 작성해 각 기관의 허가를 받는 복잡한 절차를

거쳐야만 했지요.

'이렇게 시간 낭비하다간 환자의 목숨이 위험하겠어.'

플로렌스는 불필요한 허가 과정을 줄이고 후원금과 개인 경비로 필요한 물품을 직접 구입해 환자들이 제때 필요한 물건을 받을 수 있게 했어요. 플로렌스가 온 뒤 병원의 환경은 눈에 띄게 달라졌어요.

등불을 든 천사

환자들의 영양 상태와 위생 문제도 좋아졌지만 생각만큼 사망률이 줄지 않자 플로렌스는 또다시 고민에 빠졌어요.

'도대체 왜 이토록 많은 사람들이 죽는 걸까? 무엇이 잘못된 거지?'

플로렌스는 낮에는 하루 종일 환자를 돌보고 밤엔 환자에 관한 기록과 병원 안팎에서 일어난 일을 빠짐없이 정리했어요. 몇 달 동안 보고서를 정리하던 플로렌스는 부상보다 전염병으로 죽는 환자가 더 많다는 사실을 알게 됐어요.

그날 이후 병상에 칸막이와 환기구를 설치하고 전염병 환자, 중증의 병을 앓는 환자와 다른 환자들을 분리했어요. 이것이 바로 오늘날 병원 중환자실의 유래가 됐지요.

"의사도 아닌 주제에 툭하면 나서는군."

의사들은 간호사인 플로렌스가 병원 일에 관여하는 것을 탐탁지 않게 여기고 무시했어요. 그럴 때마다 플로렌스는 융통성 없고 명예욕만 가득한 의사들과 목소리 높여 싸웠고, 규율을 어기는 간호사는 사정을 봐주지 않고 해고할 정도로 엄격했어요. 하지만 환자들에겐 한없이 다정했어요. 부상병에게 말벗이 되어 주는가 하면 가족에게 보낼 편지를 대신 써 주고 깊은 밤 병실에 등불을 들고 들어가 잠 못 이루며 통증과 싸우는 환자에게 위로의 말을 건넸어요.

"희망을 잃지 마요. 꼭 나아서 집으로 돌아갈 거예요."

플로렌스가 스쿠타리에 온 지 5개월 만에 사망률은 20배 넘게 줄어들었어요. 병사들 사이에서 플로렌스는 이미 '등불을 든 천사'로 통했어요. 이제 의사들도 더 이상 플로렌스를 무시할 수 없었지요.

그러던 어느 날 전쟁이 한창인 크림반도에 전염병까지 돈다는 소식을 들은 플로렌스는 크림반도로 떠났어요. 플로렌스는 그곳에서 더위와 전염병과 싸우며 환자를 돌보다가 열병에 걸려 쓰러지고 말았어요. 강한 정신력으로 겨우 회복한 플로렌스는 귀국하지 않고 그대로 전쟁터에 남았어요.

집으로 돌아간 군인과 기자를 통해 플로렌스의 소문은 영국까지 퍼졌어요. 그러던 어느 날 플로렌스 앞으로 한 통의 편지가 도착했어요.

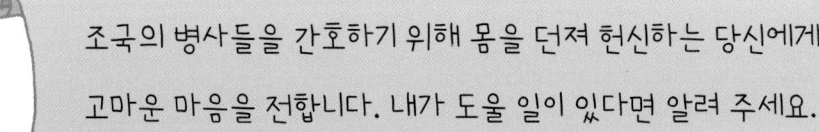

조국의 병사들을 간호하기 위해 몸을 던져 헌신하는 당신에게 고마운 마음을 전합니다. 내가 도울 일이 있다면 알려 주세요.

영국 여왕이 보내온 응원 편지였어요. 그 무렵 영국에서는 플로렌스에 관한 노래와 책이 출판되고, 플로렌스 이름을 딴 경주마와 장식품이 유행할 정도로 플로렌스는 국민

영웅이 돼 있었어요. 후원금이 모이기 시작했고, 무엇보다 업신여기던 간호사를 보는 눈이 달라지기 시작했지요.

마침내 1856년에 유럽 연합군과 러시아 사이에 평화 선언이 발표되고 전쟁이 끝났어요. 하지만 플로렌스는 쇠약해진 몸으로 마지막 환자가 고향으로 떠나는 순간까지 병원에 남아 일을 도왔어요. 영국 여왕이 플로렌스의 귀국을 환영하기 위해 군함을 보냈지만, 떠들썩한 분위기를 싫어했던 플로렌스는 가명을 써 가며 아무도 눈치채지 못하게 조용히 다른 배에 올랐어요.

기록으로 또 다른 생명을 구하다

플로렌스가 귀국했다는 소식에 곳곳에서 선물과 편지, 파티 초대장이 도착했고, 청혼하는 사람까지 있었어요. 하지만 플로렌스는 모두 거절하고, 집 안에만 틀어박혀 지냈어요.

몇 년 동안 야전 병원에서 몸을 사리지 않고 밤낮없이 일을 한 데다 열병에 걸려 죽을 고비를 넘겼던 플로렌스는 몸이 많이 쇠약해져 있었어요. 게다가 스쿠타리에서 죽어 간 병사들의 환영이 날마다 그녀를 괴롭혀 우울증에 시달렸어요. 크림 전쟁 이후로도 세계 곳곳에서는 계속해서 전쟁이 일어났어요.

'죽어 가던 병사들의 얼굴을 잊을 수가 없어. 군대 체계를 바꾸지 않는다면 끔찍한 일이 또다시 반복될 거야.'

플로렌스는 군과 정부 관계자에게 이런 사실을 알렸지만 관료들은 귀담아듣지 않았어요. 실망해 있던 어느 날 영국 여왕이 플로렌스를 궁으로 초대했어요.

'이번 기회에 여왕님에게 육군 병원과 조직 내의 문제점을 알려야겠어.'

플로렌스는 스쿠타리에서 얻은 경험을 바탕으로 개선해야 할 문제점을 표와 그래프로 정리해 보고서를 만들었어요. 특히 누구든지 한눈에 원인별 사망률을 알아볼 수 있도록 장미꽃 모양으로 나타낸 '로즈 다이어그램'은 획기적인 자료였어요.

보고서를 보고 감동한 여왕은 군인 보건을 담당하는 위생국 설치를 명령했어요. 이로써 영국의 식민지였던 인도에도 위생국이 생겼어요. 플로렌스가 전쟁터에서 환자와 의료 환경에 대해 꼼꼼하게 기록한 덕분에 더 많은 생명을 구할 수 있게 됐지요.

플로렌스에게는 오랫동안 품어 온 한 가지 소망이 있었는

데, 그건 바로 간호 학교를 세우는 것이었어요. 플로렌스는 그동안 모아 둔 후원금으로 런던의 성토머스 병원 안에 현대식 간호학을 가르치는 최초의 학교인 '나이팅게일 간호 학교'를 세웠어요. 교육 기간도 길고, 규칙이 까다롭기로 유명했지만 이 학교 출신 졸업생은 세계 각국의 큰 병원에서 환영할 정도로 실력을 인정받았어요.

이후 플로렌스는 간호에 관한 보고서를 정리하고 책을 쓰며 여생의 대부분을 보냈어요. 그때 쓴 『간호 노트』는 베스트셀러가 되었고, 100년이 지난 오늘날까지 간호학을 공부하는 학생들이 즐겨 찾는 책이에요.

이제 직접 간호 활동을 하진 않았지만 플로렌스는 집에 머물면서 간접적으로 군인들의 생명을 구하는 일을 계속했

플로렌스 나이팅게일 갤러리

플로렌스 나이팅게일
(1820년 5월 12일~1910년 8월 13일)

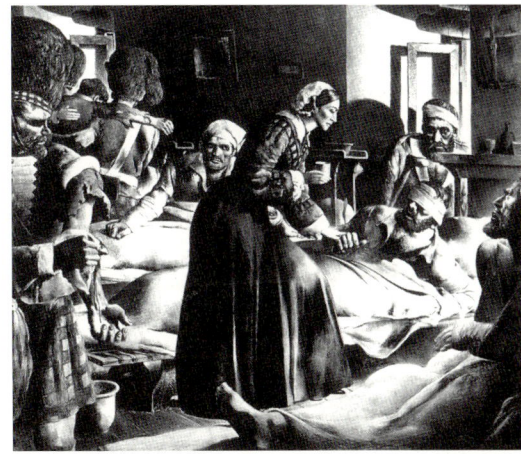

전쟁터에서 환자를 돌보는 나이팅게일

어요. 스쿠타리에서의 경험을 바탕으로 미국에서 남북 전쟁이 일어났을 때 군 병원에 관한 자문도 했고, 전쟁터의 부상자를 적군, 아군 구별 없이 구호하자는 '국제 적십자' 설립에도 영향을 주었어요.

어느덧 쉰 살이 넘은 플로렌스에게는 그녀가 돌보아야 할 마지막 환자가 기다리고 있었어요. 바로 늙은 부모님이었어요. 플로렌스는 부모님이 돌아가실 때까지 정성껏 간호했어요.

1907년, 플로렌스는 영국 여성 최초로 공로 훈장을 받았지만 그땐 이미 시력을 잃어 앞을 보지 못했고, 기억마저 희

미해져 친한 사람도 알아보지 못했어요.

부유한 가정에서 태어나 스스로 천대받던 간호사가 되어 직업과 여성에 대한 생각을 바꾸고, 군 행정가로서 전쟁터에서 소중한 생명을 구했던 플로렌스는 1910년 아흔 살의 나이로 가족묘에 잠들었어요.

플로렌스 나이팅게일의 생일인 5월 12일은 '국제 간호사의 날'로 정해져 해마다 봉사의 의미를 되새기고 있어요.

★책을 읽고 나서★

1. 알쏭달쏭 낱말 퀴즈

① '나쁜 냄새'의 다른 말.

악 ☐

② 본래 상태로 돌이키거나 본래 상태를 되찾음.

회 ☐

③ 우리 편 군대.

아 ☐

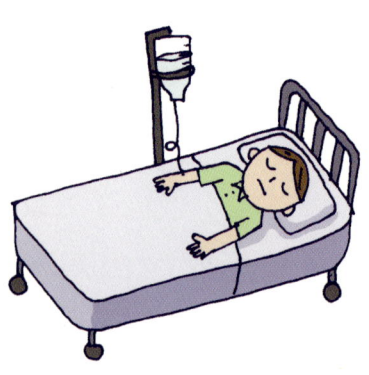

④ 병이나 상처의 정도가 매우 심한 사람.

중 ☐ ☐

2. 이태석 신부가 남수단 아이들에게 음악을 가르친 이유는 무엇일까요? (　)

① 손가락을 많이 쓰면 똑똑해지므로

② 음악으로 마음의 상처를 치유할 수 있다고 믿어서

③ 용돈을 벌게 해 주려고

④ 악기를 잘 다룬다는 사실을 자랑하고 싶어서

3. 큰 도움이 아니어도 괜찮아요. 누군가를 도왔던 경험을 적어 보아요.

- 도움을 주었던 날짜를 적어 보아요.

    년   월   일

- 도움을 주었던 장소는 어디인가요?

  ....

- 어떤 도움을 주었나요?

  ....
  ....

- 도움을 받은 사람의 반응은 어땠나요?

  ....
  ....

- 도움을 주고 나서 어떤 기분이나 생각이 들었나요?

  ....
  ....

'책을 읽고 나서' 정답

1. 알쏭달쏭 낱말 퀴즈

① 악 취 ② 회 복
③ 아 군 ④ 중 환 자

2. 이태석 신부가 남수단 아이들에게 음악을 가르친 이유는 무엇일까요? (②)

아픈 이웃을 더 사랑한 의료 봉사자들

2019년 6월 26일 1판 1쇄
2020년 10월 30일 1판 2쇄

글쓴이: 전현정 | 그린이: 김재일

편집: 최일주, 이혜정, 김인혜 | 교정·교열: 한지연 | 디자인: 진예리 | 제작: 박흥기
마케팅: 이병규, 이민정, 최다은 | 홍보: 조민희, 강효원 | 인쇄: 천일문화사 | 제책: J&D바인텍

펴낸이: 강맑실 | 펴낸곳: (주)사계절출판사 | 등록: 제406-2003-034호 | 주소: (우)10881 경기도 파주시 회동길 252 | 전화: 031)955-8588, 8558 | 전송: 마케팅부 031)955-8595 편집부 031)955-8596 | 홈페이지: www.sakyejul.net | 전자우편: skj@sakyejul.com | 페이스북: facebook.com/sakyejulkid | 인스타그램: instagram.com/sakyejulkid | 블로그: skjmail.blog.me

ⓒ 전현정, 김재일 2019

사진: 31쪽 이태석, 톤즈 돈 보스코 브라스 밴드 ⓒ 연합포토, 53쪽 박에스더, 박에스더 부부와 로제타 홀 가족, 75쪽 장기려 ⓒ 위키미디어, 53쪽 보구 여관 ⓒ 한국기독교역사박물관, 75쪽 회진 중인 장기려 ⓒ 중앙포토, 97쪽 플로렌스 나이팅게일, 전쟁터에서 환자를 돌보는 나이팅게일 ⓒ 미국국립의학도서관

값은 뒤표지에 적혀 있습니다. 잘못 만든 책은 구입하신 서점에서 바꾸어 드립니다.
사계절출판사는 성장의 의미를 생각합니다. 사계절출판사는 독자 여러분의 의견에 늘 귀 기울이고 있습니다.
이 책은 저작권법에 따라 보호받는 저작물이므로 무단전재와 무단복제를 금합니다.

ISBN 979-11-6094-477-8 73990
ISBN 979-11-6094-394-8 (세트)

이 도서의 국립중앙도서관 출판예정도서목록(CIP)은 서지정보유통지원시스템홈페이지(http://http://seoji.nl.go.kr)에서 이용하실 수 있습니다. CIP 제어 번호: CIP2019020833